LEGO'S RECIPE

レゴ®レシピ

いろんな建物

ケビン・ホール

LEGO'S RECIPE

レゴ®レシピ

いろんな建物

ケビン・ホール

玄光社

BRICK BUILDINGS

A Quintet Book

Copyright © 2017 Quintet Publishing Limited.
Japanese translation text © GENKOSHA Co., Ltd.

First edition for the United States and Canada published in
2017 by Barron's Educational Series, Inc,
250 Wireless Boulevard
Hauppauge, NY 11788
www.barronseduc.com

First Japanese edition published in Japan in 2017 by
GENKOSHA Co., Ltd.,
4-1-15 Iidabashi, Chiyoda-ku
Tokyo 102-8716, Japan
Phone: +81 3 3263 3515
Fax: +81 3 3263 3045
www.genkosha.co.jp
through the rights arrangement by Japan Uni Agency, Inc.,
Tokyo, Japan

All rights reserved. No part of this publication may be
reproduced or distributed in any form or by any means
without the written permission of the copyright holder.

This book was conceived, designed, and produced by
Quintet Publishing Limited
Ovest House
58 West Street
Brighton, East Sussex
BN3 1DD
United Kingdom

Photographer: Neal Grundy
Designers: Anna Gatt, Michelle Rowlandson
Project Editors: Kath Stathers, Leah Feltham
Editorial Director: Emma Bastow
Publisher: Mark Searle

Cover design: Atsushi Takeda (Souvenir Design)
Translation: Mitsuko Ishii (Designcraft)
Japanese typesetting: Souvenir Design
Japanese copy-editing: Aki Ueda (Pont Cerise)
Production: Aki Ueda (Pont Cerise)

Printed in China by 1010 International Printing Limited.

LEGO®, the LEGO logo, the Brick and Knob
configurations, and the Minifigure are trade-
marks of the LEGO Group, which does not
sponsor, authorize, or endorse this book.

レゴでつくる 建物の世界へようこそ!

　レゴ®のイベントで自分のブロック作品を展示していると きによく尋ねられるのは「何か特別なパーツを使っているの ですか?」とか「模型によって特注のパーツを入手している んですか?」といった質問です。その答えはというと、みなさ んがお店で買うセットに入っているものとまったく同じパーツ を使っています。この本は、まさにそのことを示すためのも のです。

　ここでは、タイプの異なるさまざまな建物を模型にしてい ます。実在するものもあれば、私の想像でつくったものも ありますが、どれもレゴの色や形をうまく活かしています。

　作品は基本的に「クラシック」セットに入っているブロック でつくってあります。もちろん、昔ながらの2×4ブロックだ けでなく、スロープやプレート、タイル、それに小さくてカラ フルな1×1のタイルも含まれています。ただし、建物のよ り細かい部分には、「フレンズ」や「クリエイター」などほか のセットのパーツも一部使いました。また、1×1のヘッドラ イトブロック(開発したデザイナーの名前から「アーリングブ ロック」としても知られています)が幅広い用途に使えること がわかりました。小さな窓になったり、壁面に別のパーツを 取り付けるための接続パーツとして使われたりしています。 動物のツノも「靴の家」の靴ひもの先端など、意外なとこ ろで登場します。

　私は作品をつくるとき、手持ちのパーツだけでチャレンジ するのが好きです。ですから、もしこの本に載っているもの と同じパーツを持っていなかったとしても、心配はいりませ ん。ほかのレゴビルダーと同じように、創造性を発揮してく ださい。この本の模型を、ご自分が持っているパーツに合 わせて改造してください。レゴづくりに正しい方法も間違っ た方法もありません。ただ楽しんで作品をつくれば、それで いいのです。そして、それが一番大切なことなのです。

ケビン・ホール(ブリック・ガレリア)

contents

もくじ

ログハウス ……………… 6	妖精の家 ……………… 30	高床式の家 ……………… 54
島の要塞 ……………… 8	お菓子の家 ……………… 33	ほったて小屋 ……………… 57
雲の家 ……………… 10	ミニキャッスル ……………… 36	円形の家 ……………… 60
ゲートハウス（門塔） … 13	湖畔の家 ……………… 38	宝物庫 ……………… 62
海底の家 ……………… 16	トレーラーハウス ……………… 40	風変わりなワゴン車 ……………… 64
木の洞の家 ……………… 18	見張り塔 ……………… 42	怪物の洞窟 ……………… 66
崖の上の別荘 ……………… 20	水車小屋 ……………… 45	灯台 ……………… 68
空飛ぶ家 ……………… 23	天文台 ……………… 48	巨大タマゴの家 ……………… 70
王宮 ……………… 26	イグルー（雪の家） ……………… 50	ドラゴンの住処 ……………… 72
ハウスボート ……………… 28	靴の家 ……………… 52	山の要塞 ……………… 74
		ビーチの隠れ家 ……………… 76
		ガラスの家 ……………… 78
		キノコの家 ……………… 80
		貝殻の家 ……………… 82
		カボチャの家 ……………… 84
		火山監視小屋 ……………… 86
		風車小屋 ……………… 88
		ツリーハウス ……………… 90
		地下にある家 ……………… 92
		氷のお城 ……………… 94

ログハウス

森に住むなら、やはり木の家が一番です。まわりに材料はたくさんあるし、ログハウス独特の雰囲気も魅力です。森の木をもっと高くしたいときには、スロープをさらに足していきましょう。小さなキャビンのドアは、1×1のタイル（フラット）を使っています。

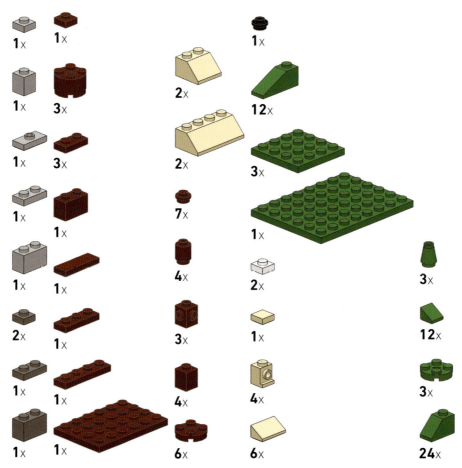

ログハウス

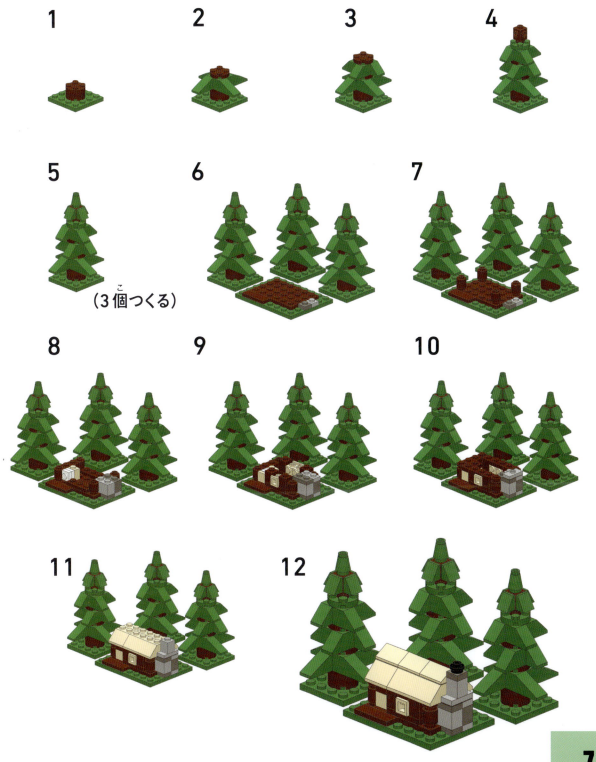

島の要塞
しま　ようさい

どんな島にも住民の安全を守るための建物が必要です。かつて海岸沿いには船の航路を守るために要塞がつくられ、建物の中には海からの攻撃に備えて兵隊がいました。この模型では、1×1のタイル（クリップ）に望遠鏡をつけて大砲にしています。塔の屋根は、レーダー・アンテナの上にコーンをつけています。

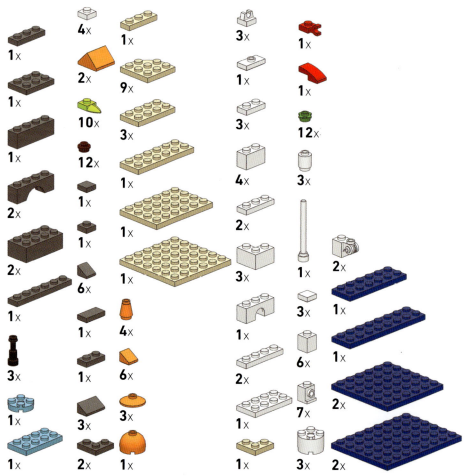

島の要塞

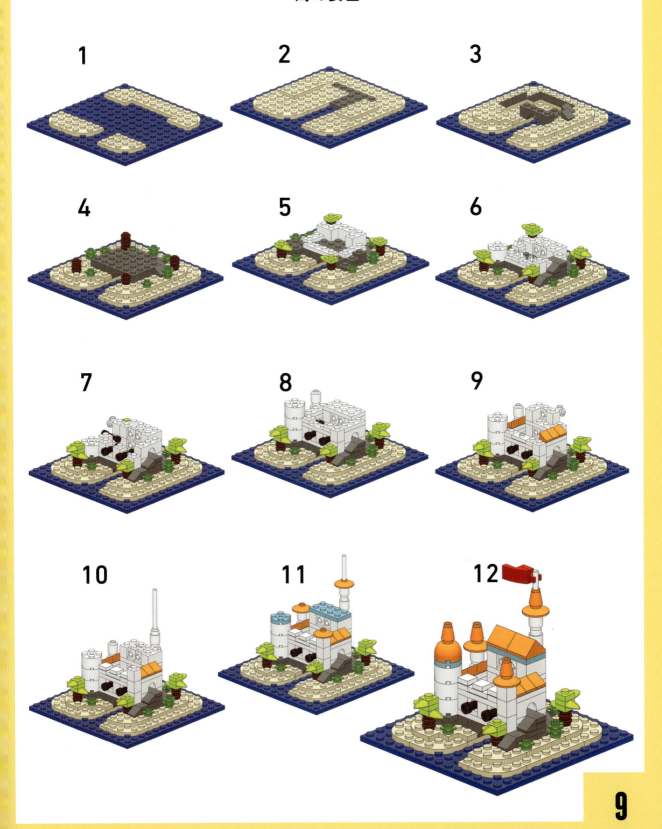

雲の家

一度は雲の上に住んでみたいと思ったことがある人もいるはずです。フワフワと空を漂いながら鳥たちとおしゃべりしたり、地上で暮らす人たちを上から見下ろしたり……。ここではさまざまな曲線のブロックとスロープを使って、雲のフワフワ感を表現しました。ポイントは窓の部分で、1×1のブロックを4つまとめて横向きに並べました。

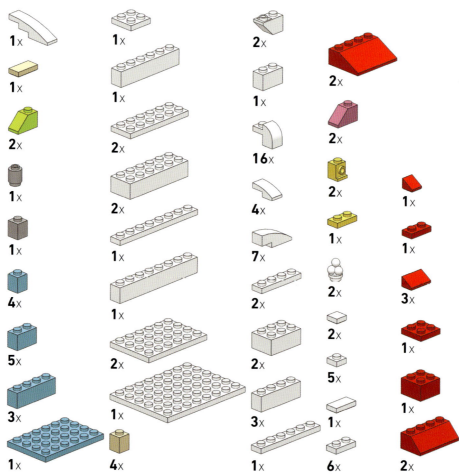

雲の家

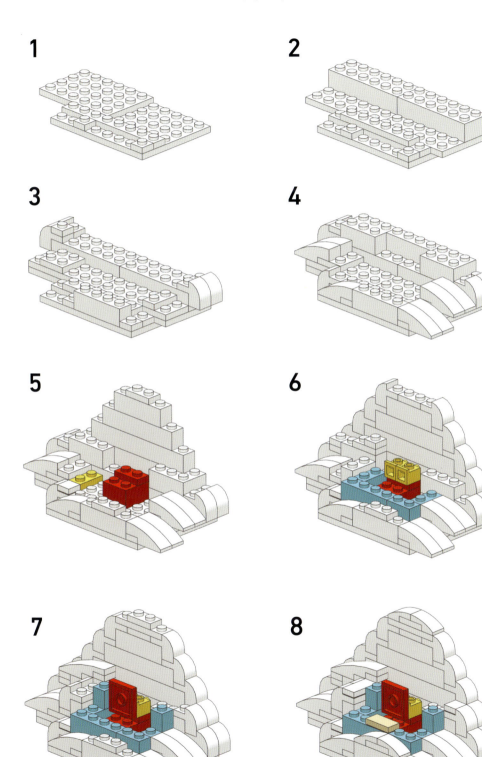

雲の家

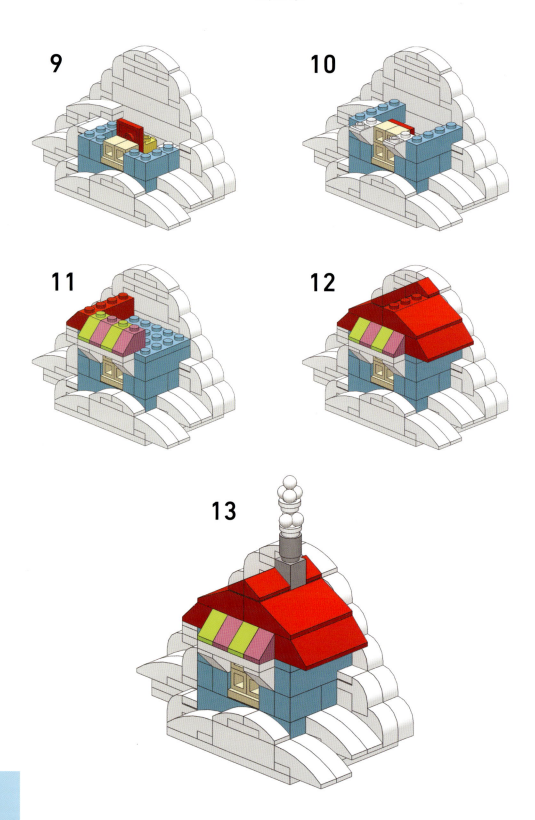

ゲートハウス（門塔）

ゲートハウスは、かつて大きなお屋敷やお城で入口を守るために使われていました。門をくぐって出入りする人を一日中見張るよう、この中に門番が住んでいたのです。扉の脇の矢狭間（矢を射るための隙間）は、1×2のタイルを縦にして、1×1のブロック（1面スタッド）に取りつけています。また、ヒンジプレートを使って、本物のゲートハウスのように開閉できる扉を設けました。

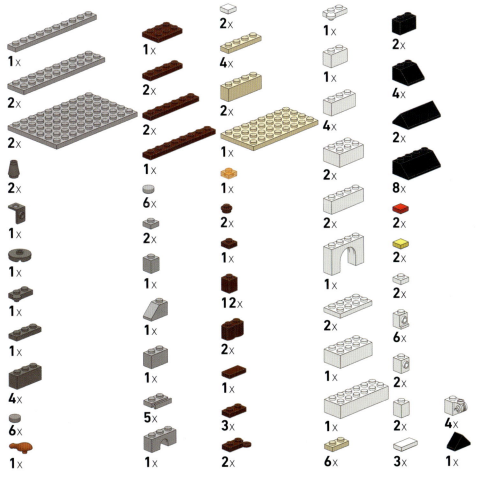

ゲートハウス(門塔)

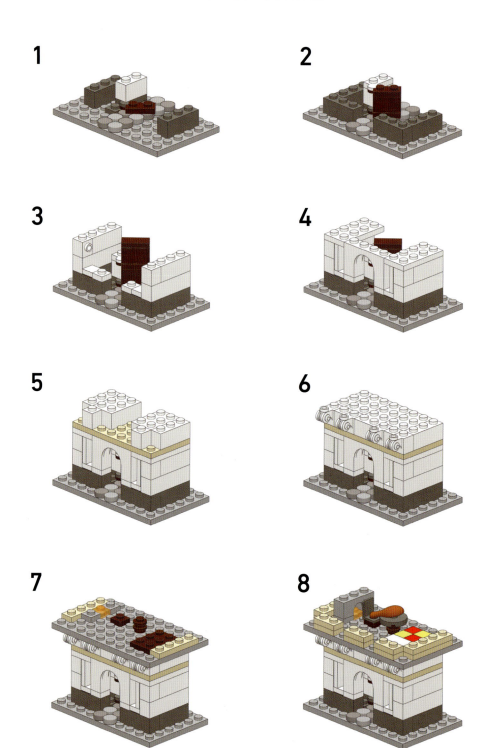

ゲートハウス(門塔)

9

10
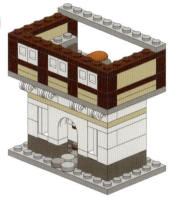

11
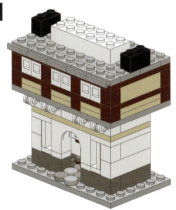

12

13

14
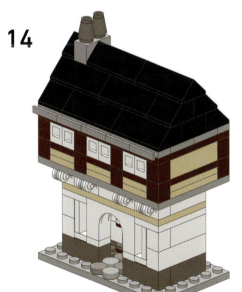

15

海底の家

海底に沈んだと言われる謎の都市アトランティス——まだ誰にも発見されていないそんな海底都市の家をつくってみませんか？ この模型では、2×2のブロック（ラウンドグリル）を柱に使って、古代地中海建築らしい雰囲気を出しています。海藻には、先のとがったバイオニクルの棘がぴったりです。

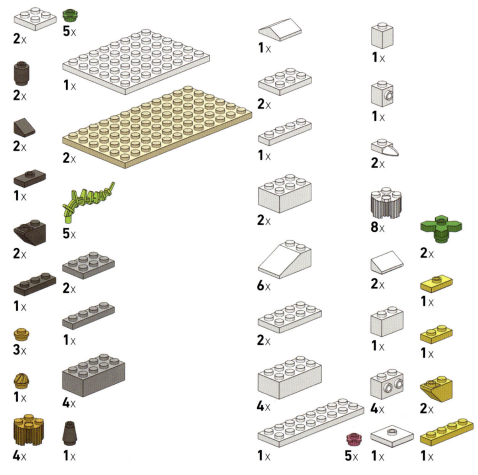

海底の家

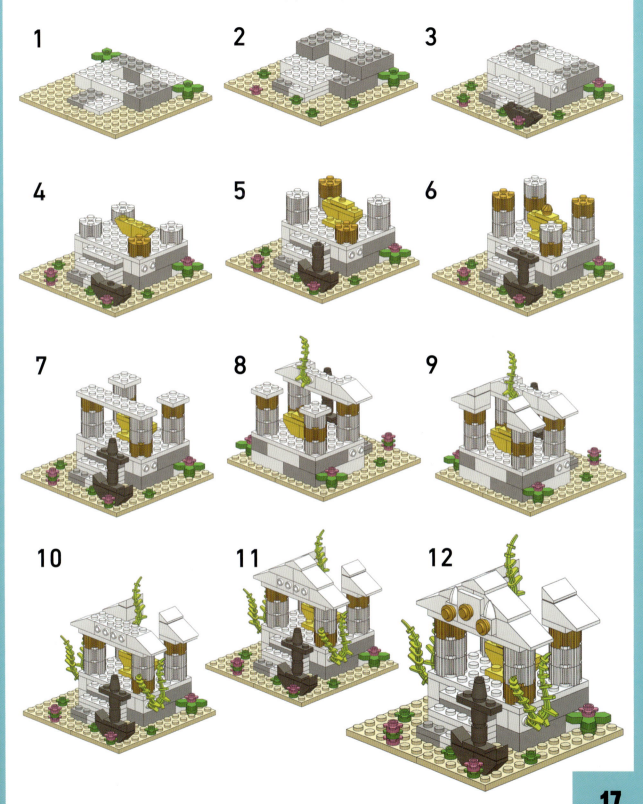

木の洞の家

木の幹にできた空洞の中をのぞいてみると、その中にたくさんの小さな動物たちが住んでいることが分かります。もしかしたら、小人や精霊たちの小さな家もあるかもしれません。この模型では、根元部分に2×2×3のスロープ75度を使っています。こうすれば、ブロックをたくさん使わなくても、頑丈で幅の広い根元を表現することができます。枝の部分は、1×3×3のアーチを使うとちょうどいい感じに仕上がります。上を葉で覆うようにするとよいでしょう。

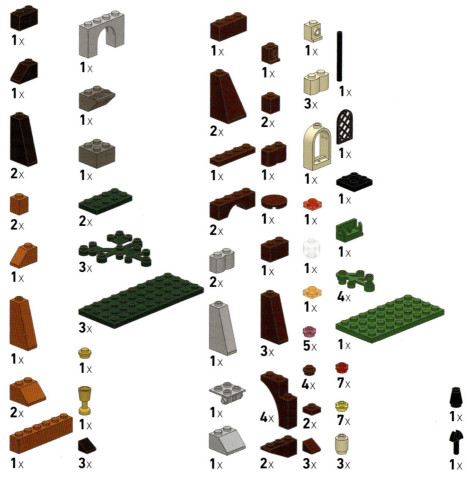

木の洞の家

崖の上の別荘

どこまでも続く海原と夕陽が望める大きなガラス窓の家——崖の上にそんなモダンなつくりの別荘を見かけることがあります。ごつごつとした巨大な岩壁の表情は、さまざまなスロープを組み合わせてつくっていきます。崖の高さをどのくらいにするかはお好み次第。滝の部分は、濃い青、水色、透明青のプレートを組み合わせ、流れ落ちる水の雰囲気を出しています。

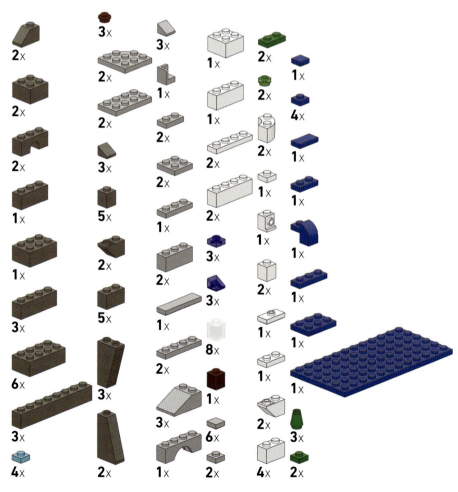

崖の上の別荘

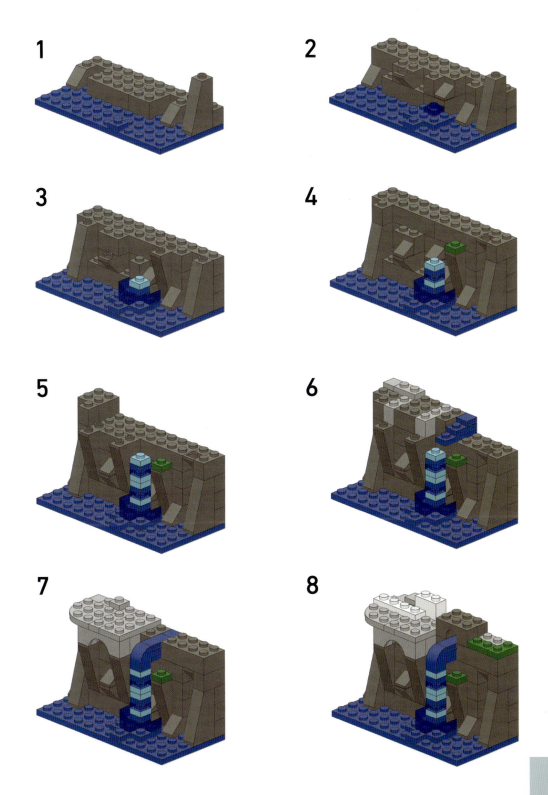

崖の上の別荘

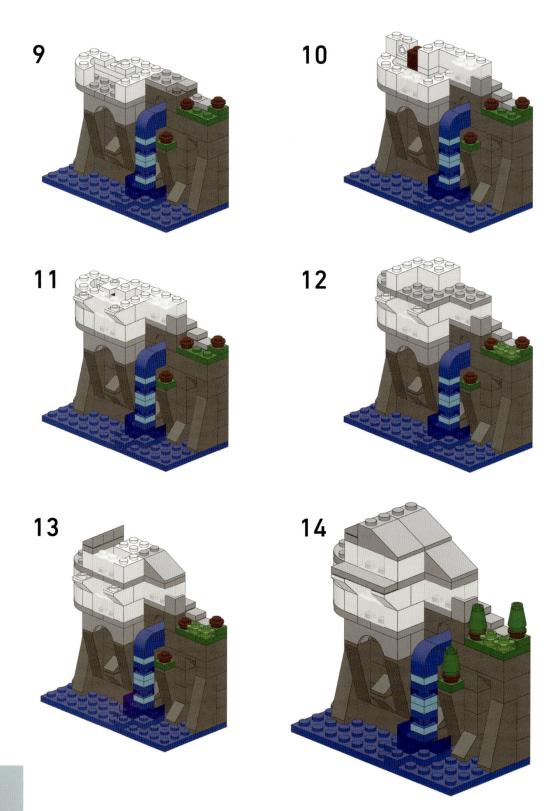

空飛ぶ家

どこか別の場所で暮らしてみたいと思ったことはありませんか？ふわりと空に浮かんで、ビーチでもジャングルでも、エベレストの頂上でも、世界中どこでも好きなところへ飛んでいけたなら！これは、羽ばたく翼がついた家です。この翼は、1×2のプレート（ハンドル）と1×2のプレート（水平クリップ）を使い、真ん中と家につながる部分で折れ曲がるようになっています。

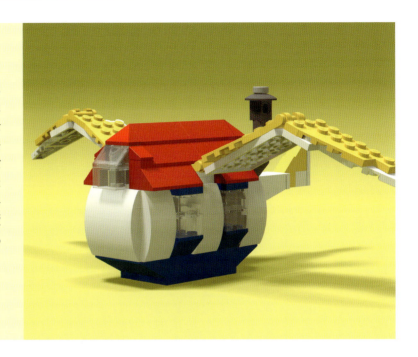

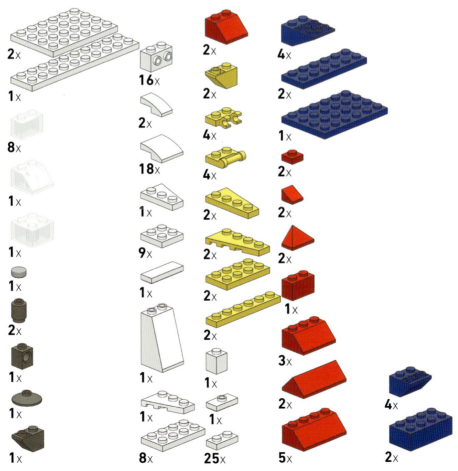

空飛ぶ家

1
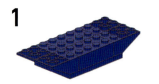

2

3

4

5
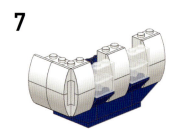

6

（9個つくる）

7
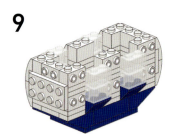

8

9

10

空飛ぶ家

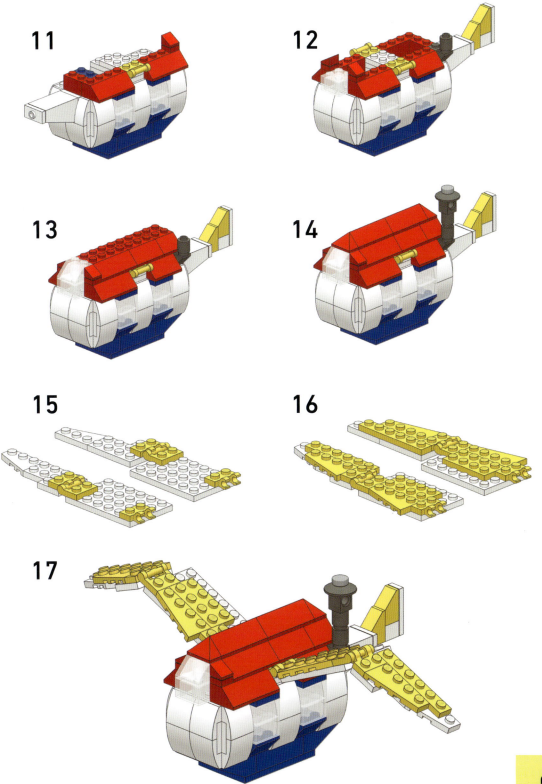

王宮
おうきゅう

世界の国々にある宮殿には、もともとは王様や女王、司教や皇帝が住んでいました。しかし、今ではその多くが観光名所として一般に公開されています。イギリスでは、今も女王がバッキンガム宮殿に住んでおり、宮殿には775もの部屋があります。この模型では、1×1のブロック（ヘッドライト）を内向きに使って、多くの宮殿で見られる均一に並んだ窓の形を再現しています。

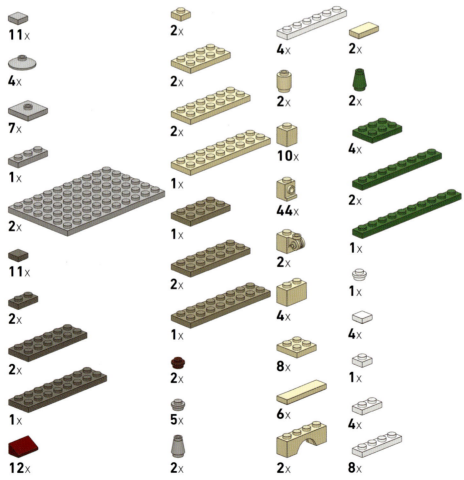

王宮

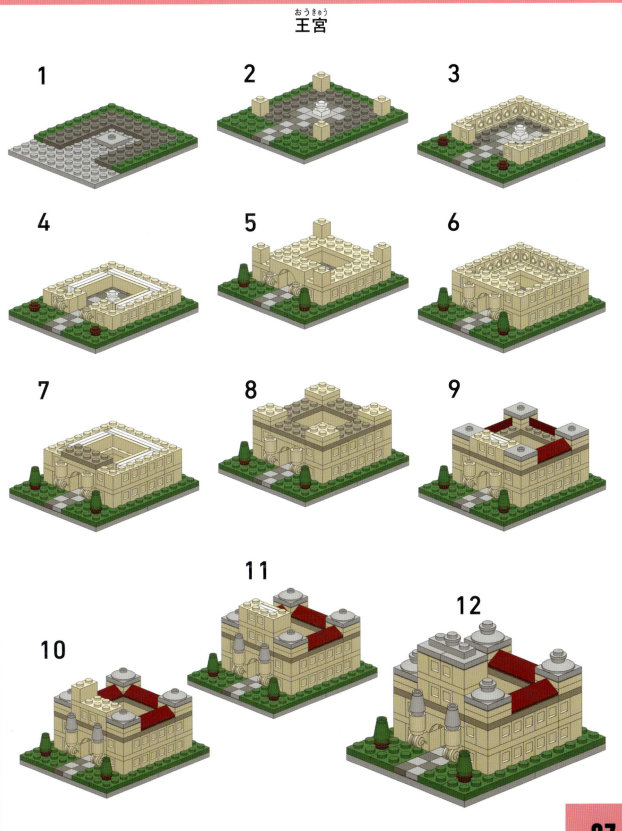

27

ハウスボート

水の上に浮かんでいると、それだけでとてもリラックスした気持ちになれますね。ハウスボートで暮らしたら、一体どんな気分でしょう？ この家に住めば、思い立ったらすぐにひと泳ぎすることだってできます。この模型では、逆さまにしたスロープを船体部分に使い、1×1のブロック（1面スタッド）にタイルを張りつけて壁のパネルに仕立てています。

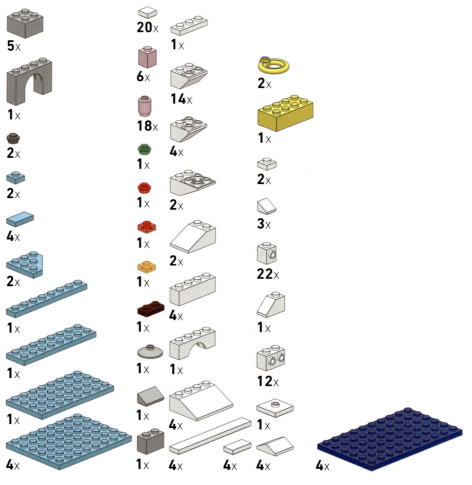

ハウスボート

1

2

3

4

5

6

7

8

9

10

11

12

29

妖精の家

妖精の家は、人間に見つけられないよう庭や森の奥深くに隠れています。妖精たちは、自然の素材を使って家をつくります。この家の屋根も逆さにした花でできています。この模型では、羽根用に使うことが多いウェッジプレートを複数使って花びらの形にし、それを内向きに組み合わせて勾配のある屋根にしました。煙突部分は本物らしく見えるように、2種類のオレンジ（ダークオレンジとオレンジ）のブロックを使っています。

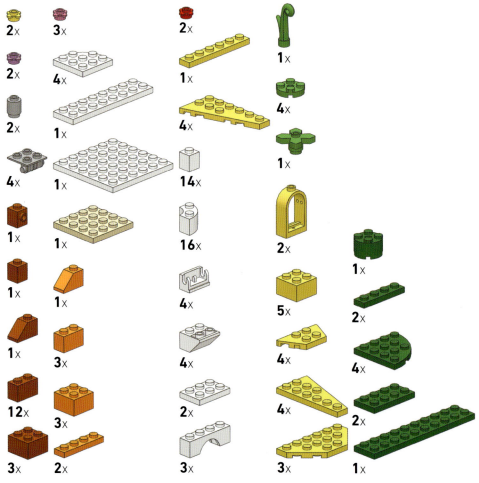

妖精の家

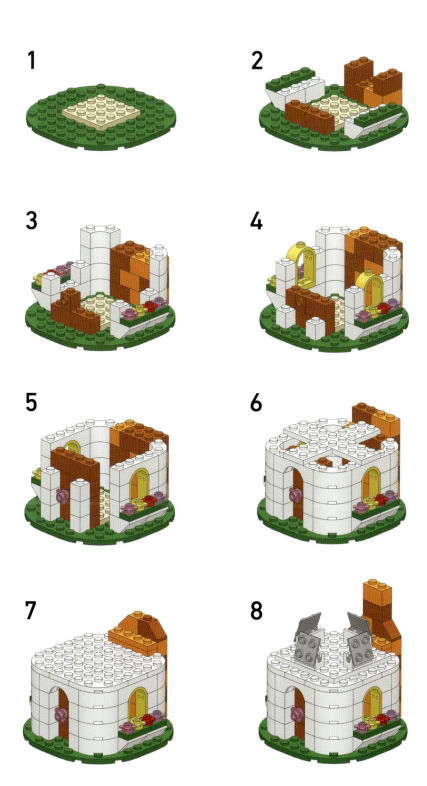

妖精の家

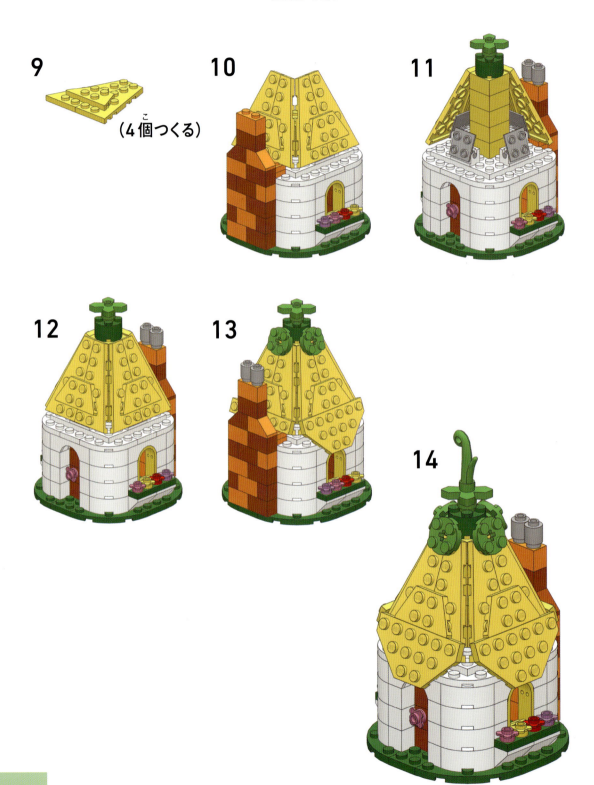

お菓子の家

本物のお菓子でつくれば食べられる家。でもそれはなかなか大変なので、レゴ®を使ってお菓子の家をつくりましょう。ハウスの屋根には2×1のプレート（シャフト）を使い、理想的な傾きを再現しました。そうすることで、プレートを積み重ねてクッキーのアイシングのように見せることができます。家の角には、赤色と白色の1×1のプレート（ラウンド）を交互に使って、ステッキ型キャンディでつくったような柱を設けました。

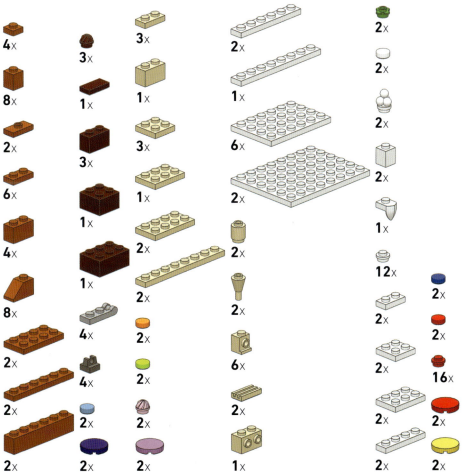

33

お菓子の家

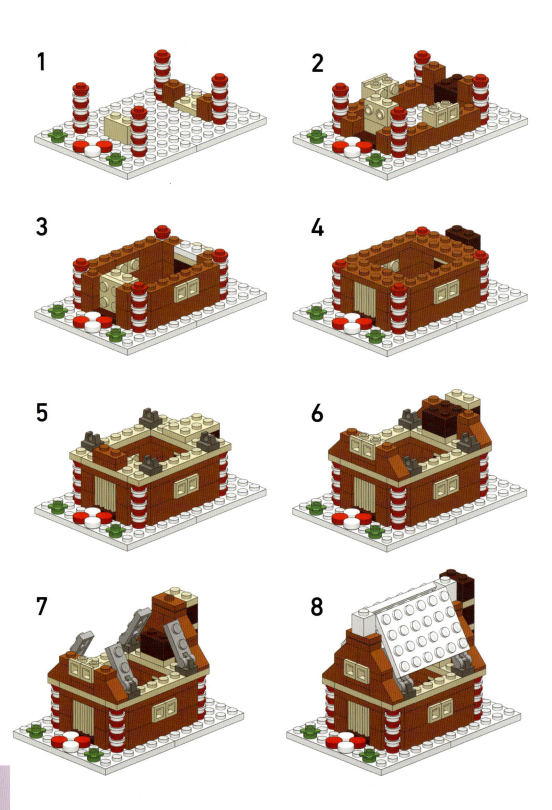

お菓子の家

ミニキャッスル

大きなお城ばかりがすばらしいとは限りません。この小さなお城は手のひらサイズですが、必要なものは細部までしっかりとそろっています。外壁には1×1×1と1×2×1のパネルを使用、尖塔部分にはユニコーンのツノがぴったりです。

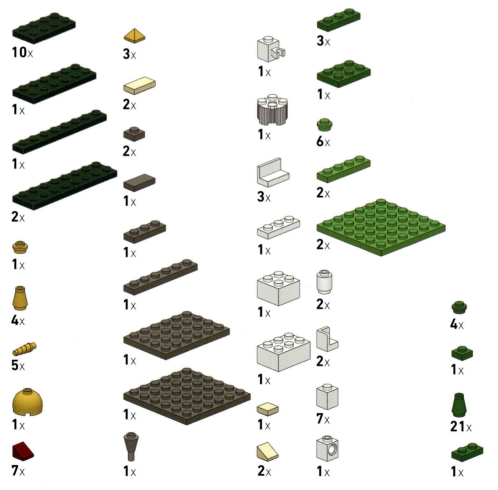

ミニキャッスル

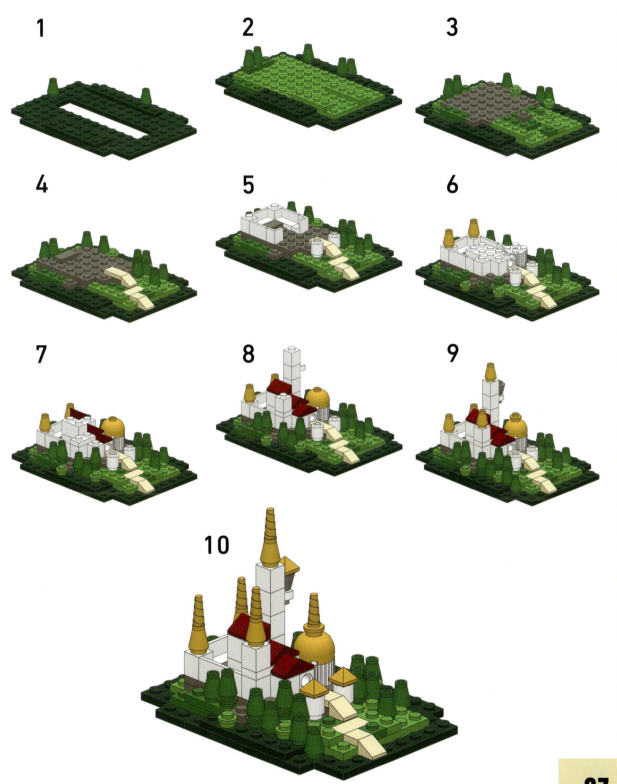

37

湖畔の家

湖や川のそばには、高床式になっている建物があります。水位が上がっても家が水浸しにならないようにつくられており、ここなら小さなボートを家のすぐ横にとめておくことができます。桟橋と床のウッドパネルには、1×2のタイル（グリル）がぴったりと合いました。

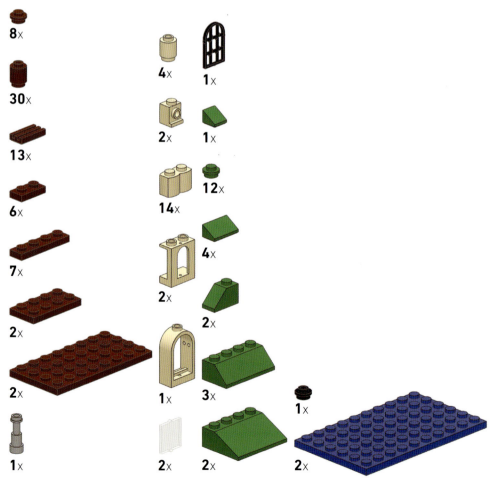

湖畔の家

トレーラーハウス

トレーラーハウスは、旅をするのにうってつけ。ここぞという気に入った場所が見つかったら、エンジンを切るだけでしばらくはそこで寝泊まりできるのです。なかには、その気になればいつでも引っ越せるように、普段からトレーラーハウスに住んでいる人たちもいます。ここでは、ダブルタイヤの後輪を1×6のアーチで覆い、つながっているように見せています。

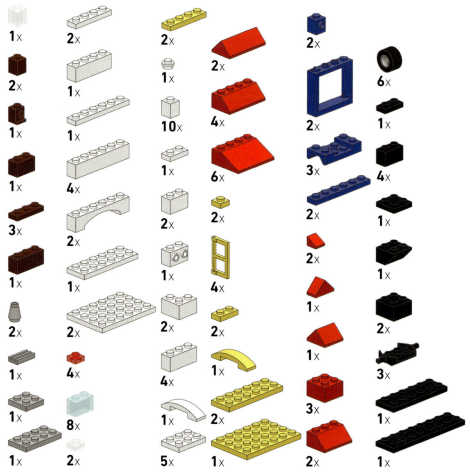

40

トレーラーハウス

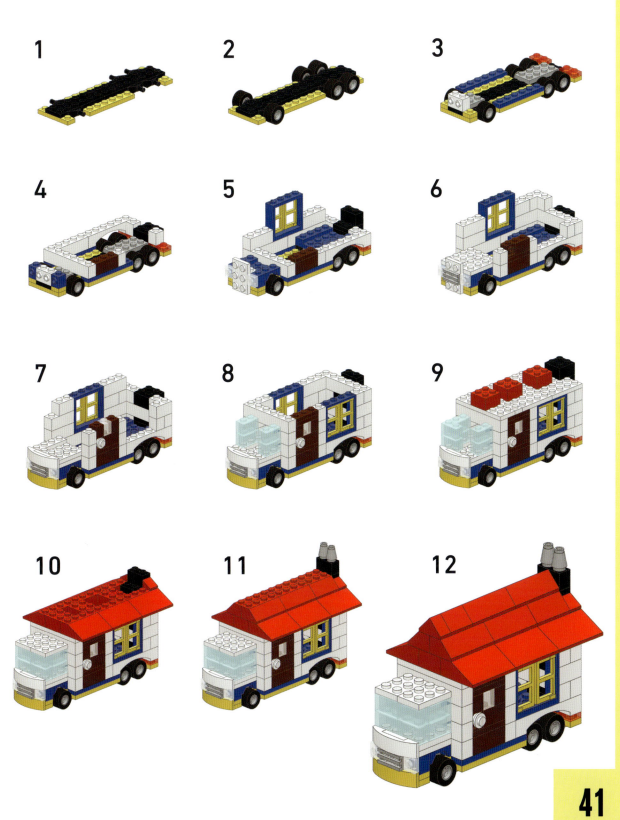

見張り塔

中世の時代、塔は富の象徴として建てられていました。塔が高ければ高いほどお金持ちというわけです。塔は侵入者から町を守る見張り台であり、刑務所では逃げ出そうとする囚人を監視する場所でした。ここでは、1×1のブロック（4面スタッド）を塔の中心部に据え、その各面にプレートを取りつけています。

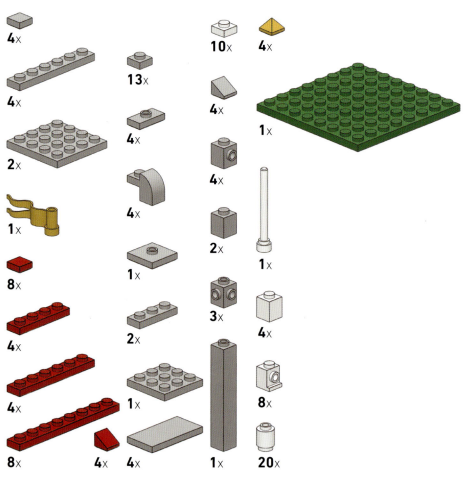

見張り塔

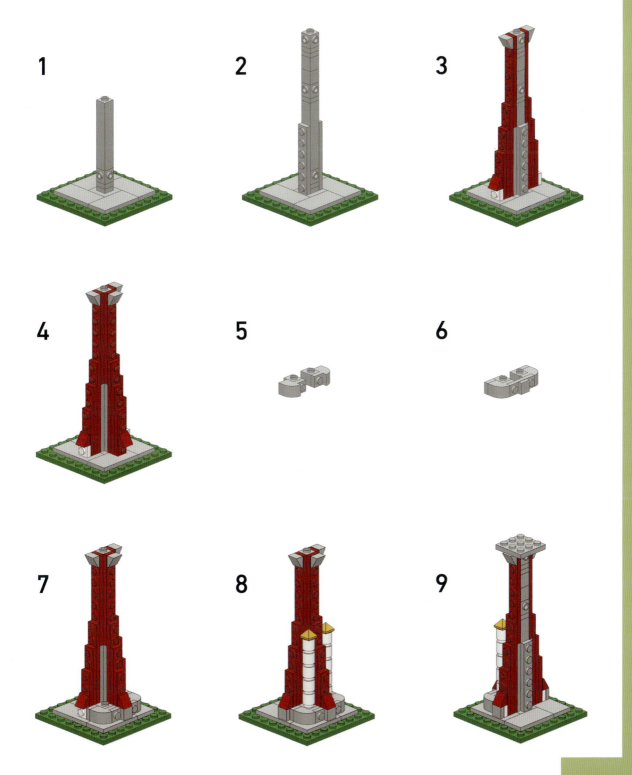

見張り塔

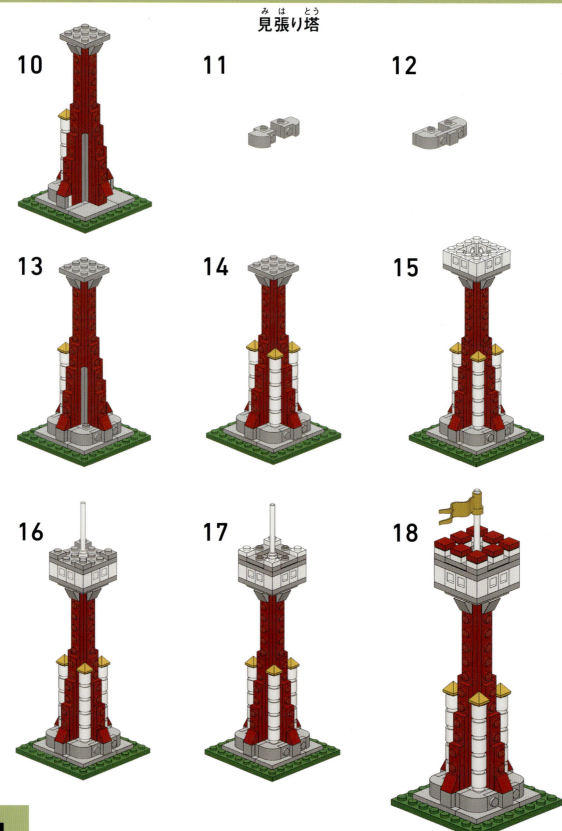

水車小屋
すいしゃごや

流れる水の力で小麦をひいたり電気を起こしたりする水車。1×1のブロック（ラウンド）をつなげて車軸をつくり、その上に1×3のアーチをかぶせれば、車軸が自由に回転します。水車は、1×1のブロック（1面スタッド）に1×2のスロープ33度を取りつけてつくってあります。

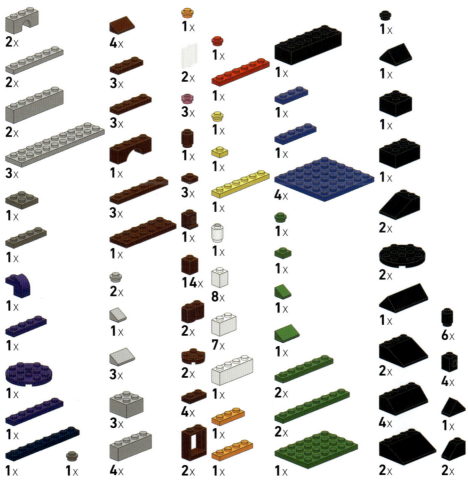

45

水車小屋

1

2
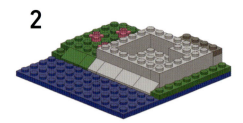

3
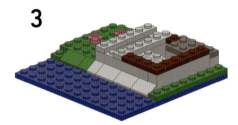

4
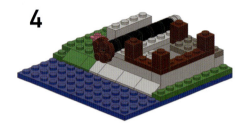

5
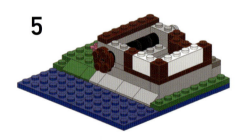

6
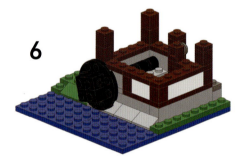

7
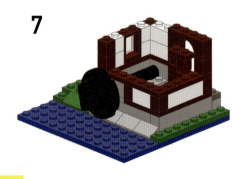

8

水車小屋

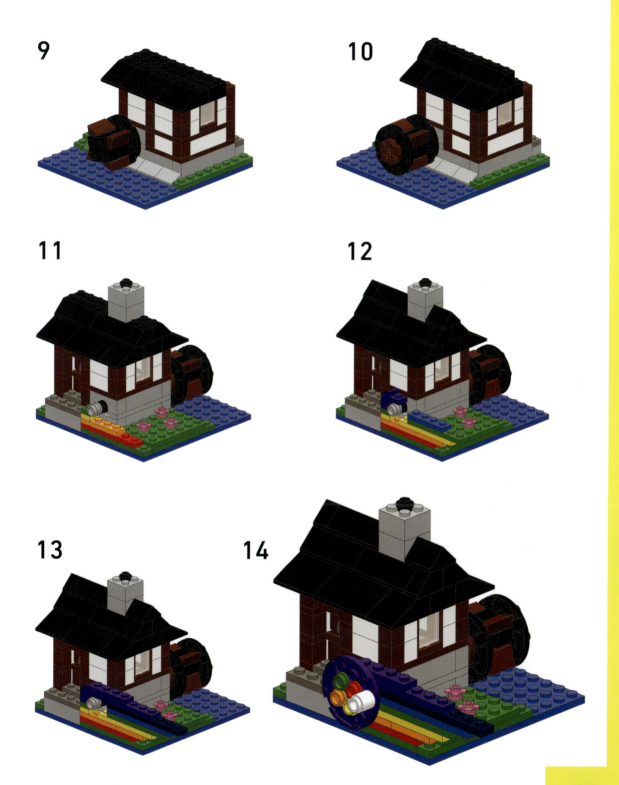

天文台

私たちは遠い昔からずっと夜空を見上げ、魅了され続けてきました。時代とともに望遠鏡が進化し、それを収める天文台もまた進化しました。天文台の屋根は一般的にドーム型で、部分的に開閉できる仕組みになっています。ここでは3×3×2のラウンドコーナー（ドームトップ）を使って、昔ながらのドーム形状を再現しました。ドーム型ブロックの隙間部分に2×1のプレート（シャフト）を取りつけ、望遠鏡の角度を上下に動かせるようにしています。

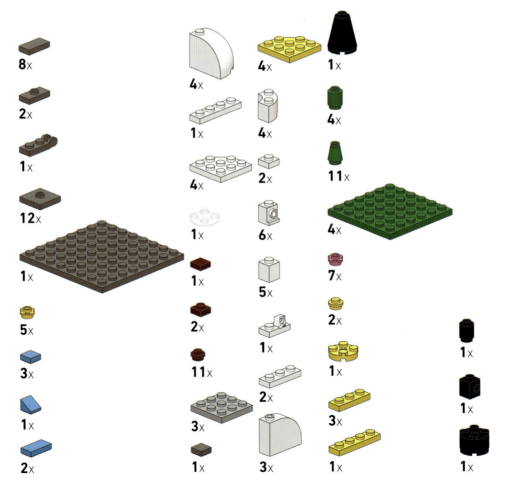

48

天文台
てんもんだい

1

2

3

4

5

6

7

8

9

11

10

12

49

イグルー（雪の家）

北極圏などに住む人々はイグルーと呼ばれる家を建てて厳しい天候から身を守ります。イグルーは雪を彫り出したブロックでできていて、この雪に含まれる小さな気泡が断熱材の働きをします。そのおかげで外の気温がマイナス45℃であっても、家の中は人の体温だけで温められ、16℃くらいにまでなることも。この模型では、スロープを使わず、プレートやタイルをずらしながら重ねることで、なだらかな曲線の効果を出しています。

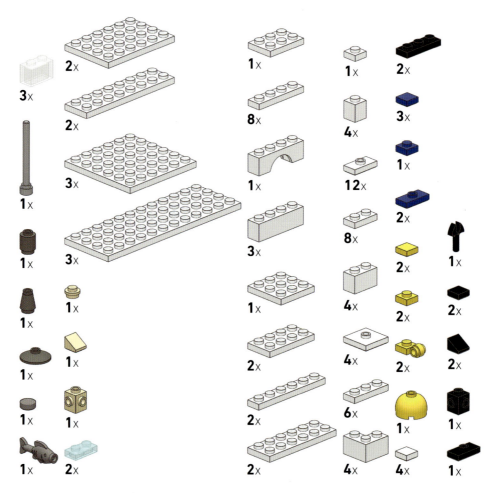

イグルー(雪の家)

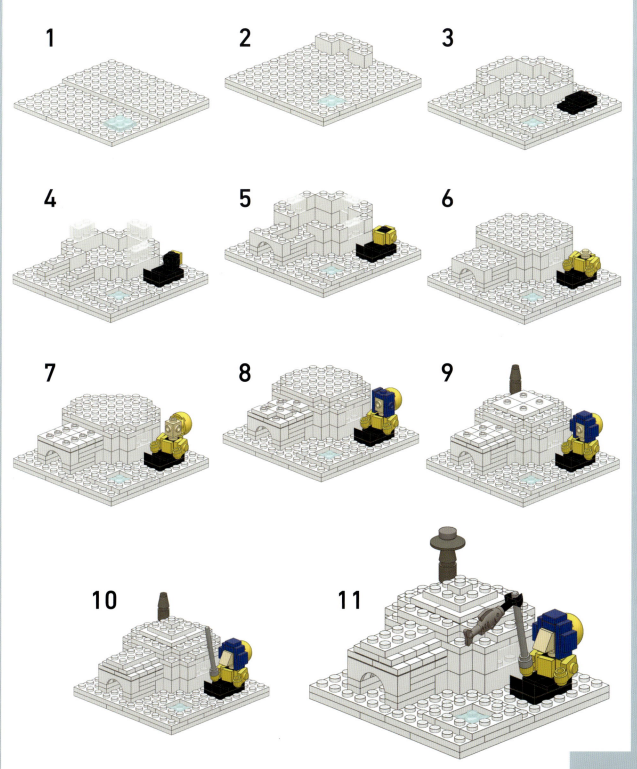

靴の家

おとぎ話に出てきそうな、靴の家をつくってみましょう。ここでは1×2のタイル（グリル）を靴ひもに用い、結び目には逆さまにした牛のツノパーツをつけました。また、靴らしい形状を再現するため、2×3の逆スロープ33度でヒールの前の部分に土踏まずのアーチをつくり、つま先部分には4×3のウェッジ（カーブスロープ、ポッチ無）を用いています。

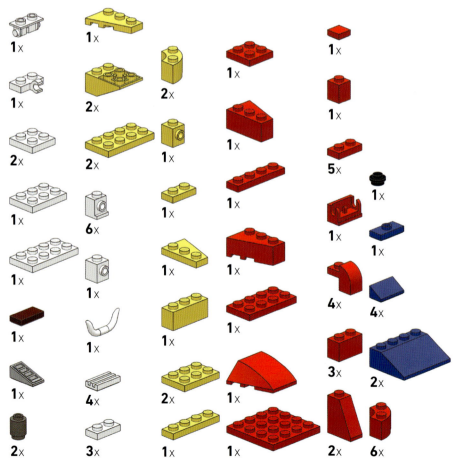

靴の家

1

2

3

4

5

6

7

8

9

10

11

12

53

高床式の家

高床式の家を建てるのは、水の侵入を防ぐためばかりではありません。暑い国では床の下に風を通して家を涼しく保つはたらきをしますし、ネズミなどの侵入を防ぐという利点もあります。この模型では、2種類のオレンジ（ダークオレンジとオレンジ）のパーツを屋根に使って、古びた鉄の感じを出しました。

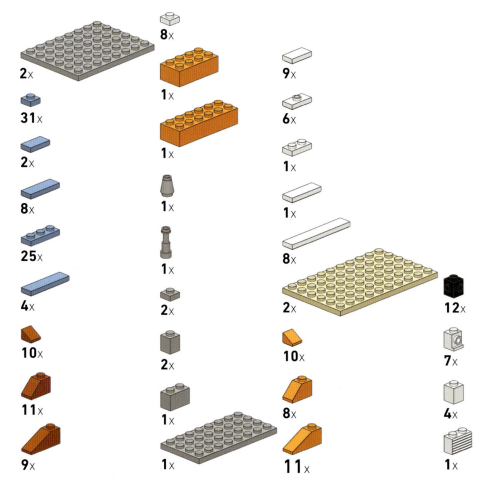

高床式の家

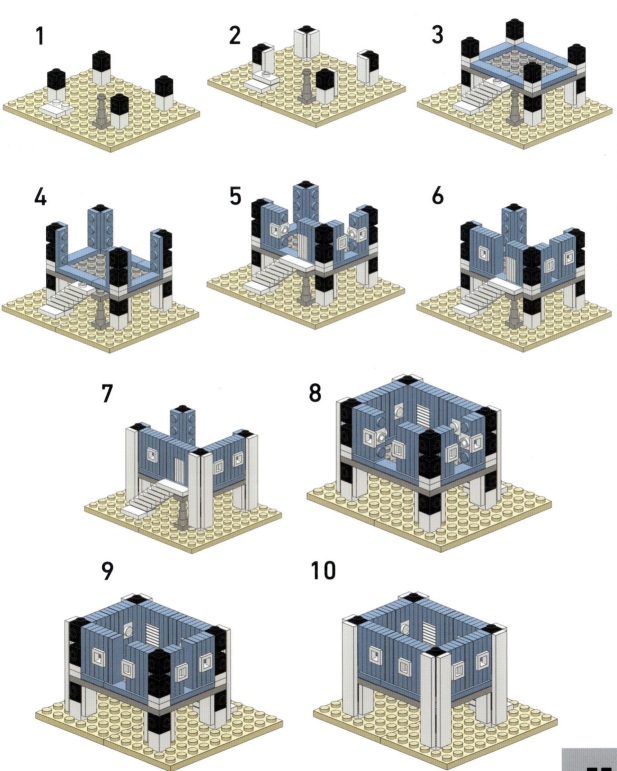

高床式の家

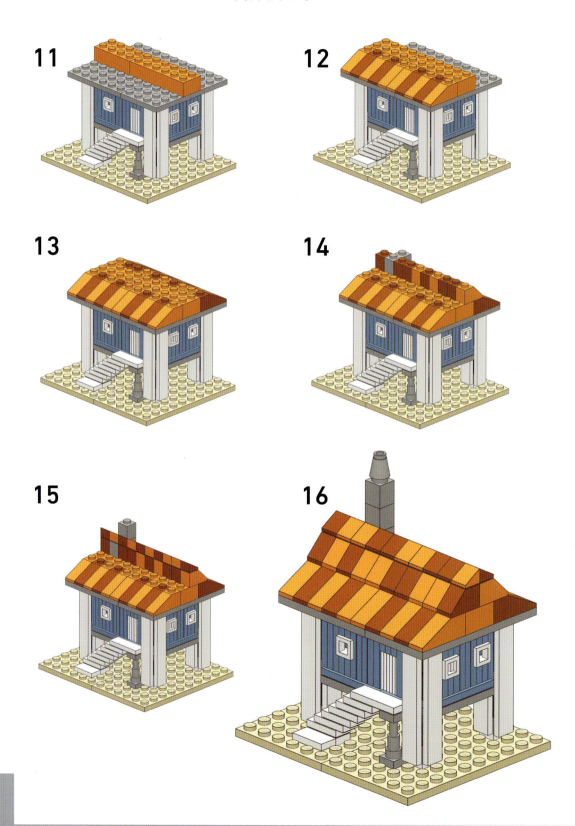

ほったて小屋

穴のあいた屋根に板でふさいだ窓——これはおんぼろのほったて小屋です。雨風にさらされて徐々に崩れた建物が、かろうじて原型をとどめています。ここでははがれた屋根瓦の下に黒色のプレートを使って、あたかも大きな穴が空いているように見せています。色あせたチグハグな壁の化粧板は、色違いの1×2のタイルを組み合わせています。

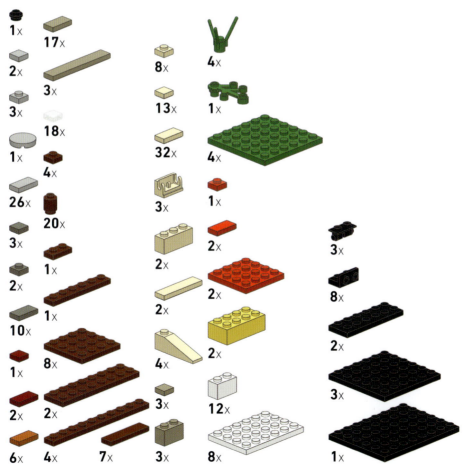

ほったて小屋

ほったて小屋

13

14

15

16

17

18

円形の家

昔、ヨーロッパにはいたるところに円形の家がありました。シンプルで頑丈なつくりをした円形の家は、たいていは石か木の支柱を用いたぬり壁でできていて、その上に芝で覆われた円すい状の屋根がのっていました。ここでは、マカロニブロックとも呼ばれる2×2のブロック（ラウンドコーナー）で建物の円い形をつくり、4×4のプレート（ラウンドコーナー）と6×6のプレート（ラウンド）を順番に積み重ねて屋根にしました。

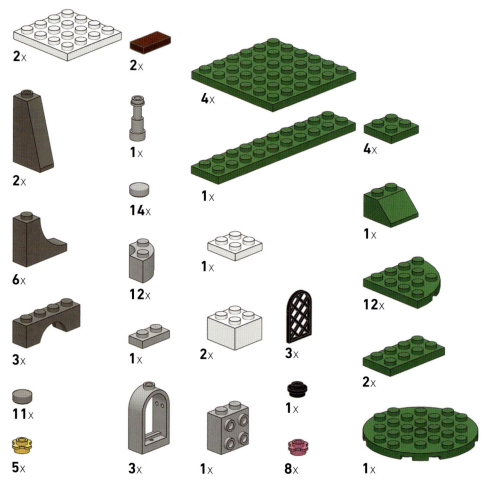

円形の家

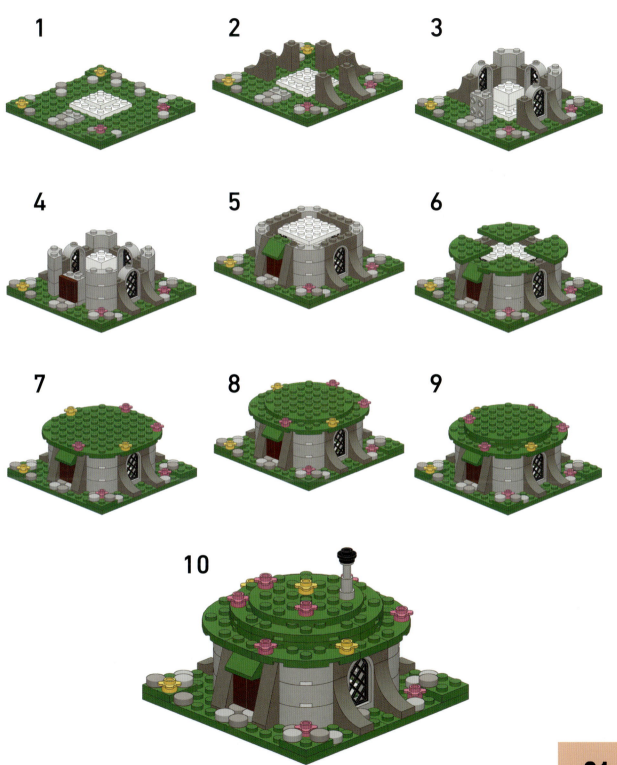

宝物庫
ほうもつこ

戦争のたびに侵略軍が略奪を繰り返していた時代には、宝物を厳重に保管しておく場所が必要でした。そのためにつくられた頑丈な宝物庫は、大抵はお城の真ん中にありました。建物の下の部分にある矢狭間の独特な形は、タンの1×2のタイルを縦にしてつくりました。上部の鉄格子つきの窓は、1×4×2の黒色のフェンスを1×2のプレート（センタースタッド）につけるといい感じに仕上がりました。

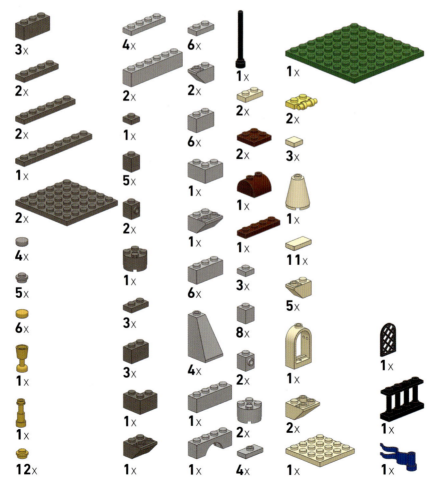

宝物庫
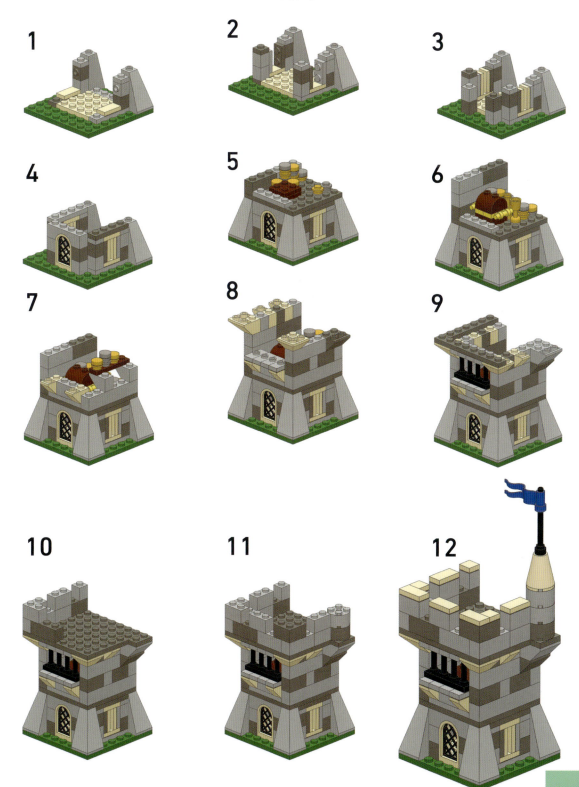
63

風変わりなワゴン車

1800年代、開拓時代のアメリカでは、人々は西部を目指して荷馬車（ワゴン）で旅をしていました。その後モーターエンジンが開発されると、旧来のワゴンに最新のエンジンを組み合わせる人たちが現れ、ユニークな形の車が生まれました。この模型では、明るい色のパーツがこの車の奇抜な雰囲気を出すのに一役かっています。昔ながらの大きな車輪は、2×2のプレート（ラウンド）に4×4のプレート（ラウンド）をつけています。

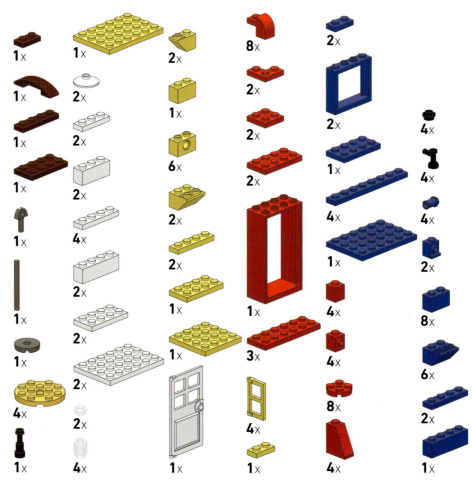

風変わりなワゴン車

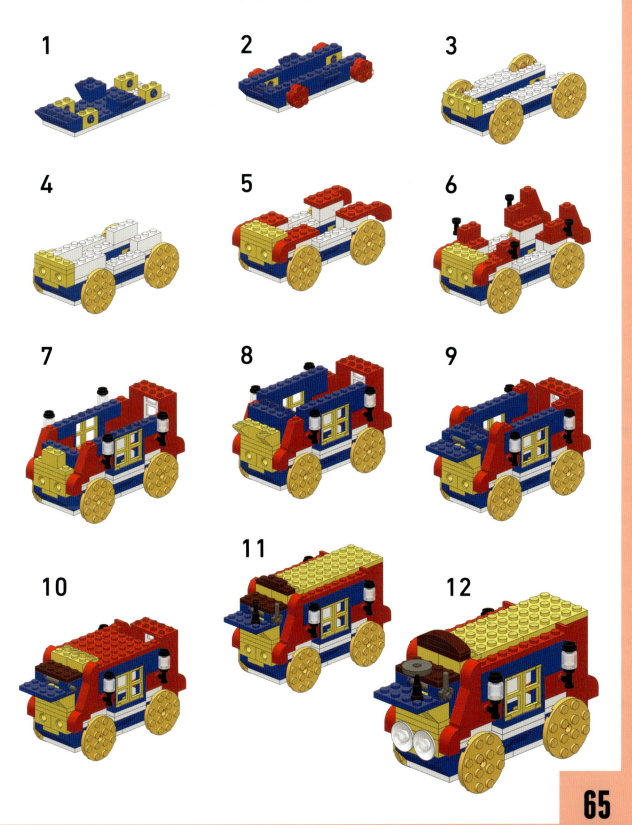

怪物の洞窟

おとぎ話の世界では、洞穴に怪物が住んでいることがよくありますね。この模型ではそんな世界を再現しました。逆スロープを使うことで、内部の空間を狭めることなく屋根を支えています。入口にある動物の頭蓋骨は、角／牙2本と1×3のスロープ（カーブ）1個を1×1のプレート（ランプホルダー）でつなげてつくっています。

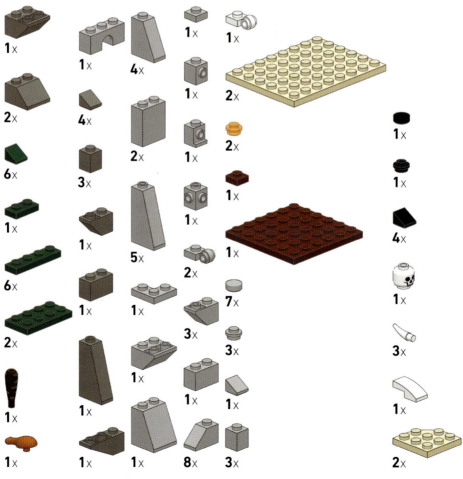

怪物の洞窟

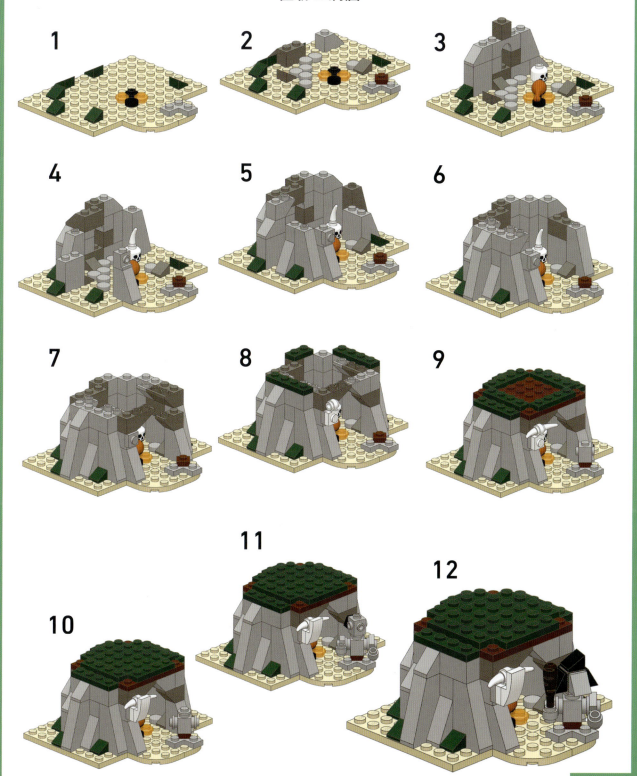

灯台

海岸線に灯台があるおかげで、多くの船が安全に航行してきました。今はほとんどの灯台が自動化されていますが、かつては併設された家に住む灯台守が灯を守っていました。この模型では、2×2のブロック（ラウンド）を複数使い、その上に照明部分を支える大きな3×3×2のコーンを逆さに取りつけて、灯台独特の形を再現しました。

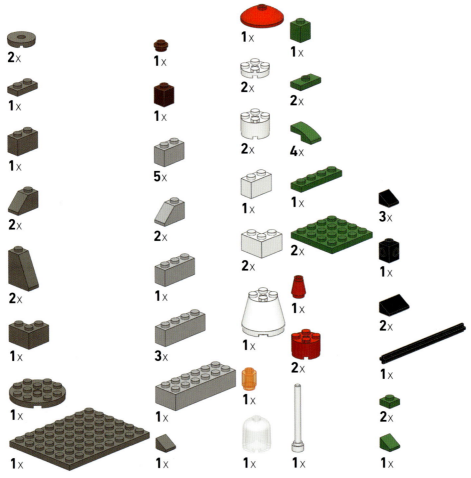

灯台

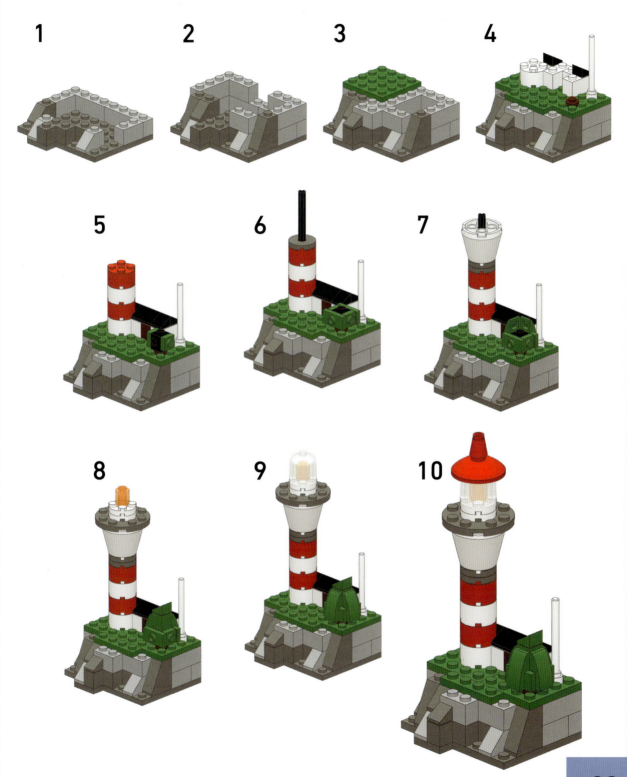

巨大タマゴの家

ファンタジックな巨大なタマゴの家です。タマゴ型なら2階建ての家にするのも簡単ですし、眺めもすばらしいはずです。1階部分を2階よりも緩めのカーブにするとタマゴらしい形になります。ここでは、1×4×1のフェンスを使って赤色のウインドーフレームをつけました。フェンスがなければ代わりに花を飾っても良いでしょう。

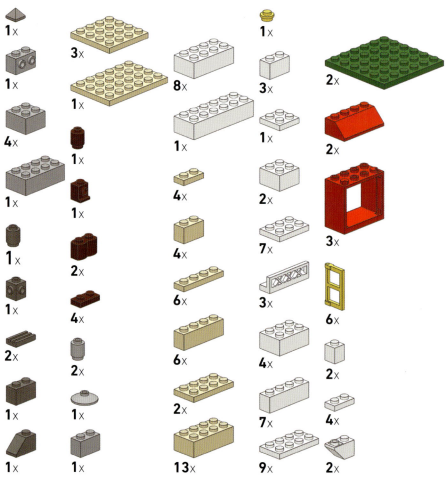

巨大タマゴの家

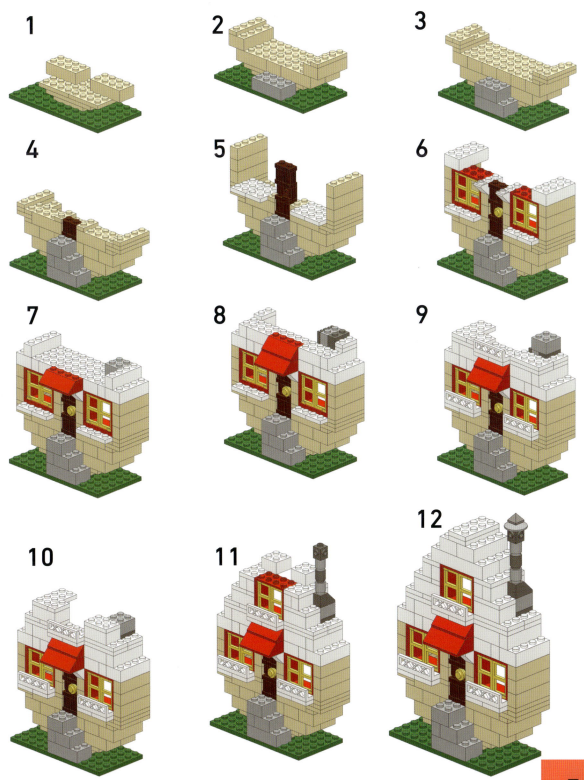

ドラゴンの住処

人里離れた洞窟や森の奥深くに住んでいる設定が多いドラゴン。このドラゴンは、廃墟になった古い建物の中に住んで金銀財宝を守っています。宝箱はヒンジトップとヒンジベースを使って開けられるようにしました。硬貨には金色と銀色の1×1のタイル（ラウンド）がぴったりです。

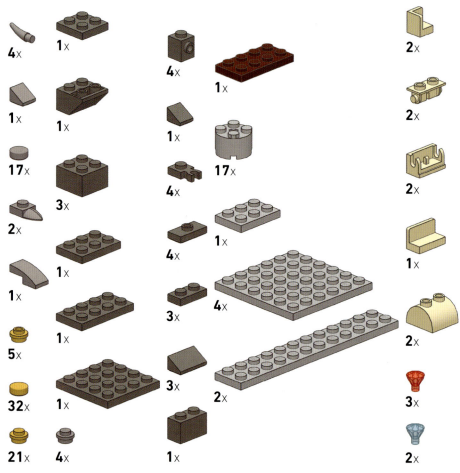

ドラゴンの住処

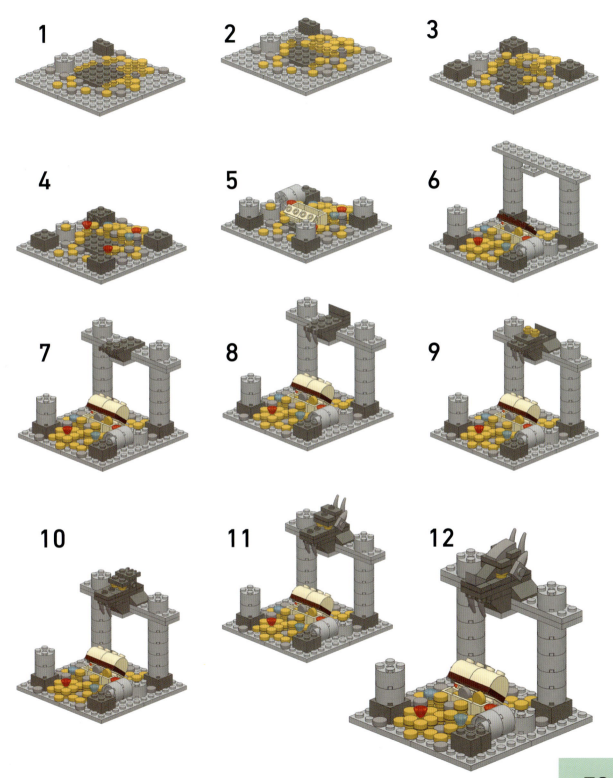

山の要塞

ゴツゴツとした険しい岩山の上に建つ要塞。高い壁に囲まれ、曲がりくねった道が入り口へと続きます。むき出しの硬い岩の上に建っていることが多いこのような防衛用の要塞は、険しい山の勾配を天然の城壁にしています。この模型では高さの違うスロープを組み合わせて、山腹の急勾配をつくりました。

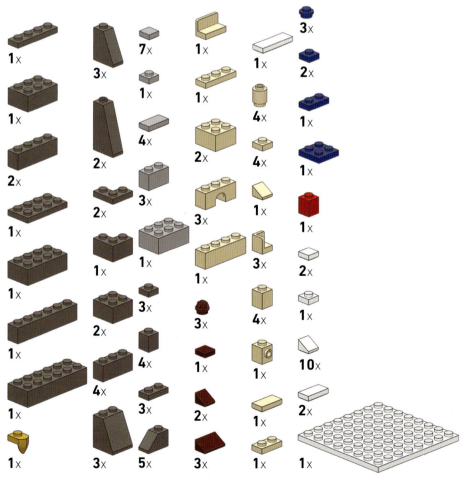

山の要塞

ビーチの隠れ家

バカンスの時だけではなく、ずっとビーチに住むことができたなら——穏やかな波のリズムに耳を傾け、ヤシの木陰でくつろいだ時を過ごす……。昔から南国の海沿いに暮らす人たちは、ヤシの葉っぱを屋根にして熱帯の雨をしのいできました。ここでは1×3×2のアーチ（カーブ）と2×1×1&1/3のブロック（カーブトップ）を使ってヤシの葉にしています。建物の低い壁は、ミニフィグ用のタレポッチを逆さにしたものに1×2のタイル（グリル）を取りつけてつくりました。

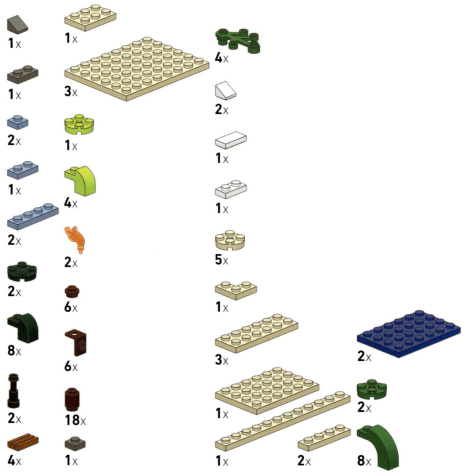

ビーチの隠れ家

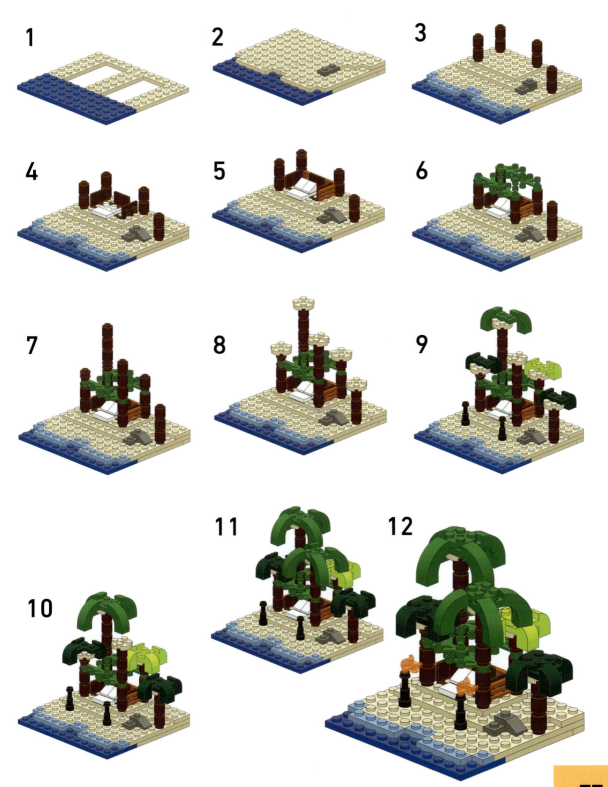

77

ガラスの家

素晴らしい景色をもっと楽しめる家をつくるとしたら、全面ガラス張りにするのがいいでしょう。まるで庭に住んでいるような気分を味わえます。ここではその一歩先をいって、家全体をガラスに見立てた透明のブロックでつくってみました。このガラスの家では、透明と透明水色のパーツを使ってちょっとした彩りを添えています。

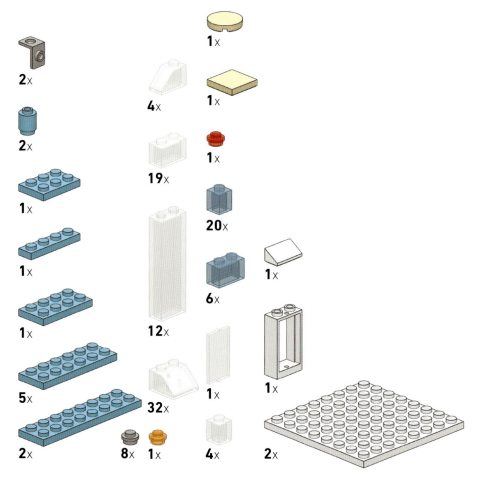

ガラスの家

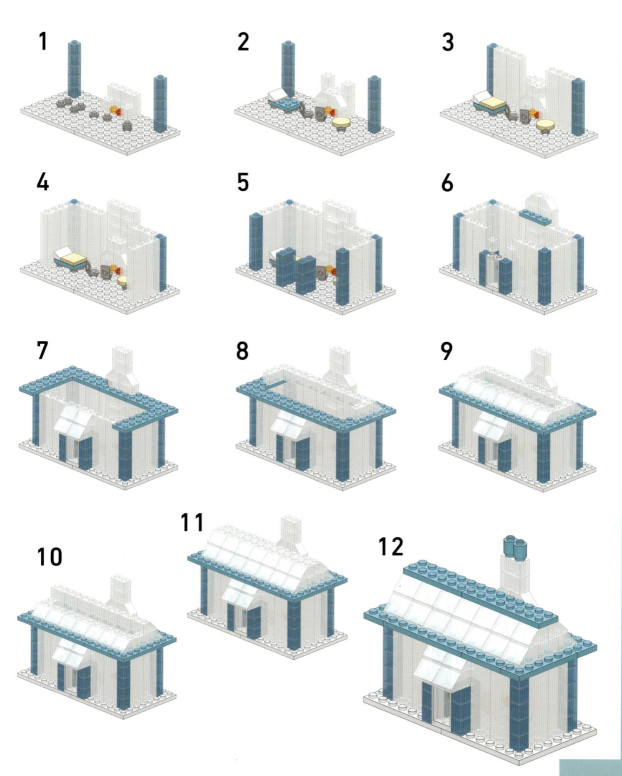

キノコの家

キノコには妖精が住んでいるイメージがあります。家という家がすべてキノコでできている小さな村が登場するおとぎ話もあります。ここでは、1×1のブロック（ヘッドライト）を横向きにして小さな窓をつくりました。暗闇で光る蓄光タイプの1×1のプレート（ラウンド）を上にいくつか載せるとファンタジー感が増します。部屋を暗くして、光る様子を見てみましょう。

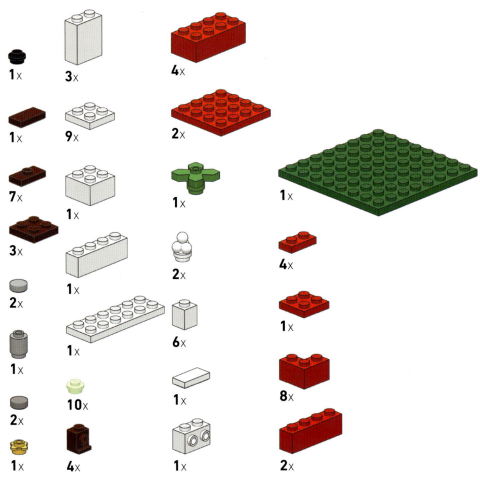

キノコの家

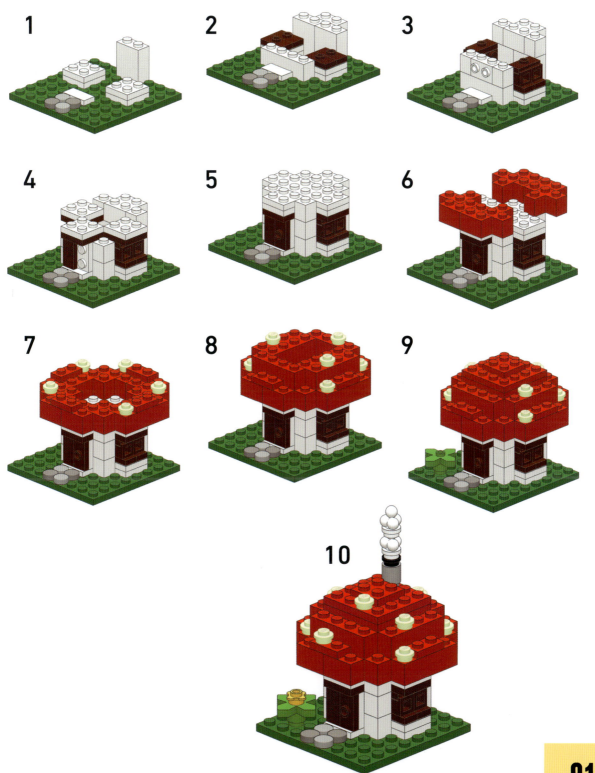

貝殻の家

もし海の底に住んでいたとしたら、巨大な貝殻は家にするのにぴったりでしょう。窓をつければ、魚がそばを泳いでいくのをリビングでくつろぎながら見ることができます。ここで使った1×3のスロープカーブは、貝殻上部の形を表現するのにぴったりでした。

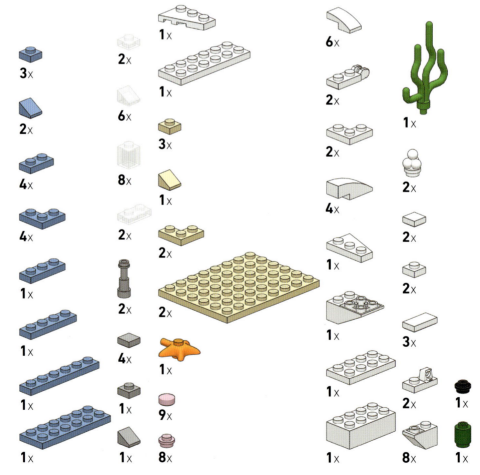

貝殻の家

カボチャの家

シンデレラに出てくる魔法使いがカボチャを馬車に変えたのですから、カボチャを家にすることだってできるはず。カボチャは野菜の中でも大きい部類なので、家の中もきっと広々としていることでしょう。ここでは、1×1×2/3のスロープ33度を横向きに使ってカボチャの丸い形を出しています。

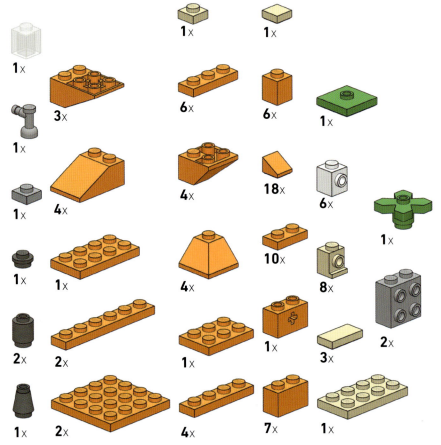

84

カボチャの家

1

2

3

4

5

（6個つくる）

6

7

8

9

10

11

火山監視小屋

火山研究者の中には、活火山のすぐそばに住んで活動を観察している人たちがいます。近隣に住む人たちにいち早く危険を知らせ、命を守れるようにと研究に励んでいるのです。しかし、住むのはかなり危険です。この模型では、透明オレンジの1×2のスロープ45度と1×1のタイルを、小屋の下を流れる灼熱の溶岩流に見立てました。

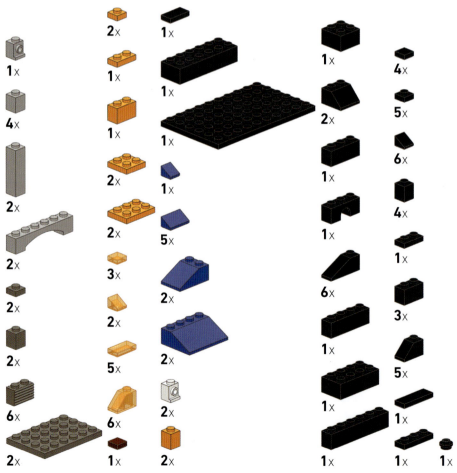

火山監視小屋

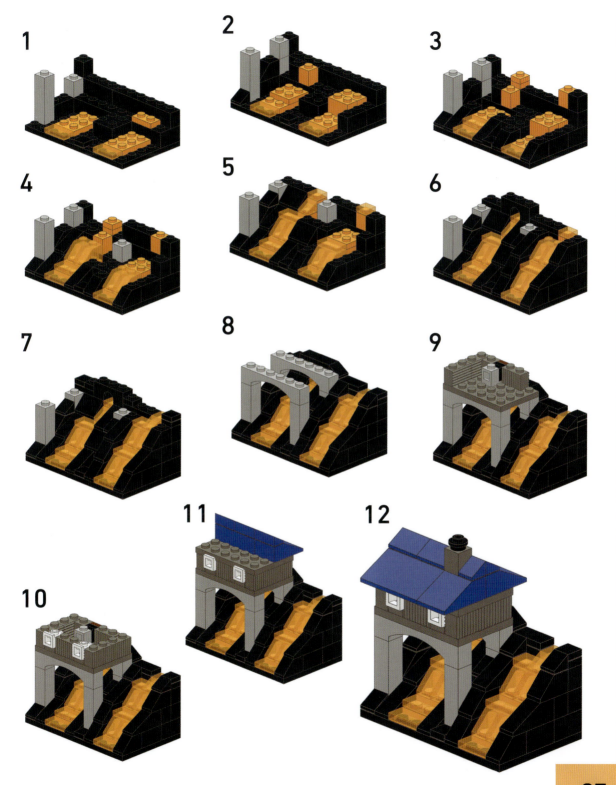

風車小屋

風を利用して巨大な羽根を回す風車。その歴史は何世紀も前にまでさかのぼり、かつては製粉で生計を立てている人たちの作業場兼自宅として使われていました。今では、風力タービンと呼ばれる発電用の風車もあります。ここでは、1×4×2のフェンスをつけて風車の羽根にしました。2×2のターンテーブルセットを風車の上部と土台の間に入れ、実際に風で向きが変わるようにしています。

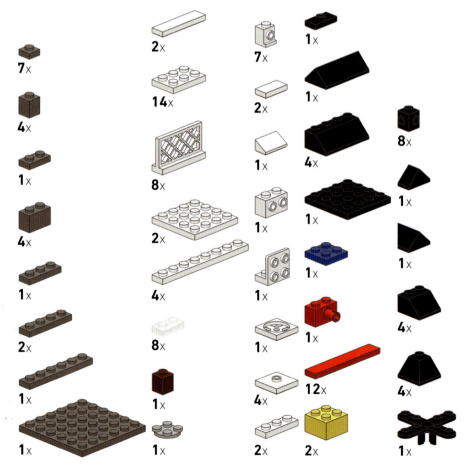

風車小屋

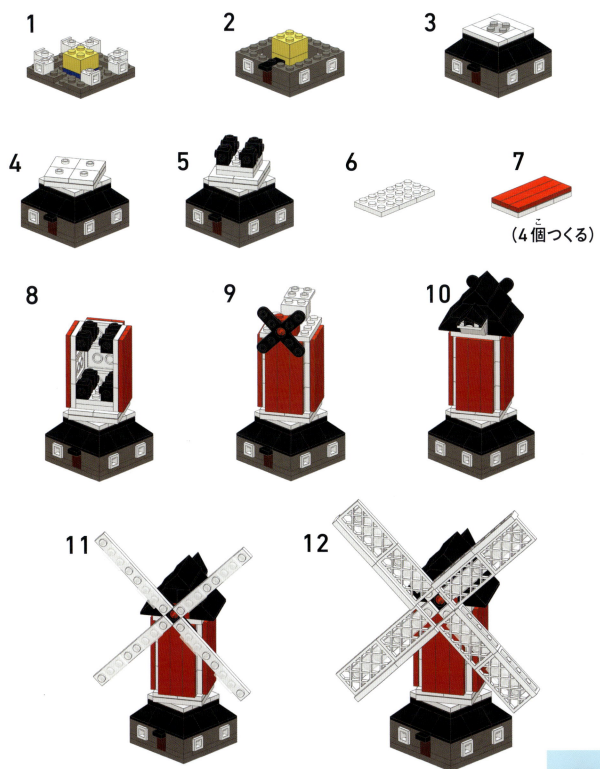

89

ツリーハウス

ツリーハウスは木の幹や枝の曲がった部分に据えつけてあるものが多いですが、大きくすれば人が住むこともできます。実際、熱帯雨林地域では、地上での危険から身を守るために、人々が高い木の上で暮らしているところもあります。この模型の頑丈な土台になっているのは、2×2×3のスロープ75度です。1×1のブロック（ヘッドライト）で組んだ壁にタイルを取りつけ、壁のパネルに見立てています。

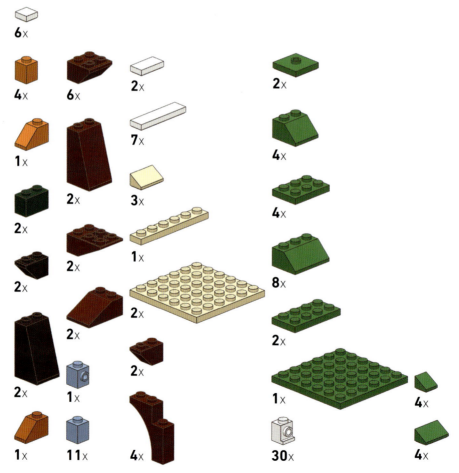

ツリーハウス

1

2

3

4

5

6

7

8

9

10

11

12

91

地下にある家

石器時代の昔から、厳しい自然から身を守るために洞窟の中で暮らしていた人たちがいました。暑さから逃れたり、寒さをしのいだりするためでした。この模型では、タン、ダークオレンジ、ブラウンの3色で地層の変化を表現しました。地面の下に伸びた根っこは、1×1のブロック（ラウンド）とブラウンのバー（ライトセーバー・ブレード）でできています。

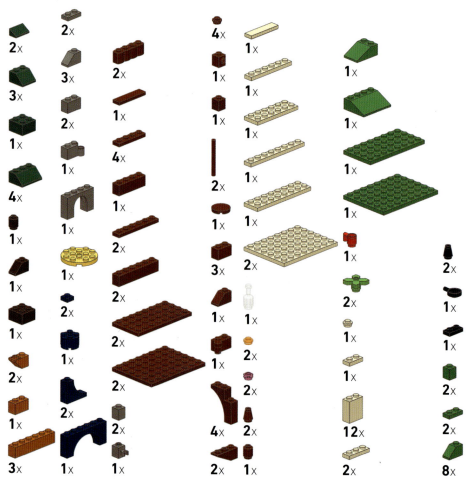

地下にある家

1

2

3

4

5

6

7

8

9

11

10

12

93

氷のお城

氷のお城は、おとぎ話の中だけのものではありません。カナダやスウェーデンには氷だけでできたホテルがあります。こうしたホテルは冬が終わり暖かくなると溶けてしまうので、毎年建て直さなければなりません。この模型では、無色透明と透明水色のパーツを組み合わせて氷のお城らしさを出しました。豪華な正面玄関は、透明水色の1×1×2/3のスロープ33度を横向きにし、無色透明の1×1のブロック（ヘッドライト）に取りつけてつくっています。

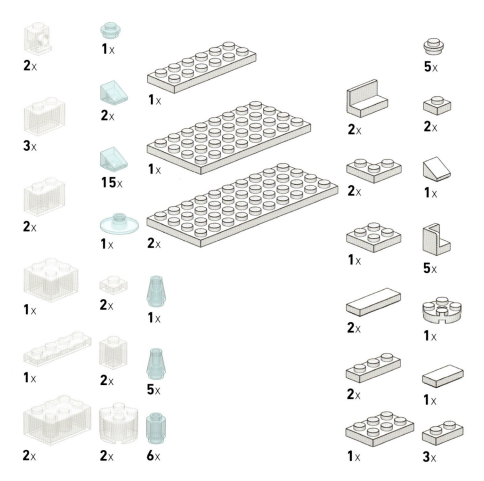

氷のお城

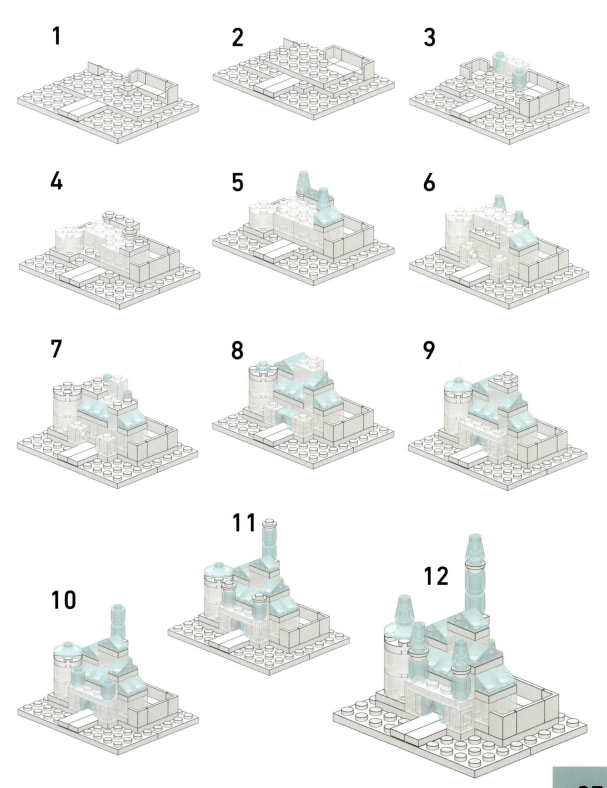

95

ケビン・ホール (Kevin Hall)

ブレンダ・ツァン (Brenda Tsang)
「ブリック・ガレリア」の共同創設者。前職では、世界的なエンターテイメント・ブランドの商品製作と管理を15年にわたり担当していた。最先端の機能性と美しさを兼ね備えた、抜きん出た商品の開発に情熱を注いでいる。景観デザイン・空間デザインを得意とし、ブリック・ガレリアのイベントにおいてその力量を発揮。本書においては、模型のリサーチとデザインをサポート、細部に用いるパーツの選択にも貢献している。

JCOPY ＜(社)出版者著作権管理機構 委託出版物＞

本誌の無断複製は著作権法上での例外を除き禁じられています。複製される場合は、そのつど事前に、(社)出版者著作権管理機構（JCOPY）の許諾を得てください。また本誌を代行業者等の第三者に依頼してスキャンやデジタル化することは、たとえ個人や家庭内での利用であっても著作権法上認められておりません。
JCOPY〈TEL:03-3513-6969　FAX:03-3513-6979　E-mail:info@jcopy.or.jp〉

レゴ® レシピ
いろんな建物

2017年11月1日　初版発行
2022年 6月1日　3刷発行

著者　　　ケビン・ホール

翻訳　　　石井光子（デザインクラフト）
装丁・組版　SOUVENIR DESIGN INC.
編集　　　植田阿希（Pont Cerise）

発行人　　北原 浩
編集人　　勝山俊光
編集　　　平山勇介
発行所　　株式会社 玄光社
　　　　　〒102-8716　東京都千代田区飯田橋4-1-5
　　　　　TEL:03-6826-8566（編集部）
　　　　　TEL:03-3263-3515（営業部）
　　　　　FAX:03-3263-3045
　　　　　URL:http://www.genkosha.co.jp

©2017 Genkosha Co., Ltd.

96